VENTE

PAR SUITE DE CHANGEMENT DE FABRICATION

Les Mercredi 18 et Jeudi 19 Novembre 1885

A UNE HEURE ET DEMIE PRÉCISE DE RELEVÉE

RUE VIEILLE-DU-TEMPLE, 121

MODÈLES

AVEC DROIT DE REPRODUCTION

POUR

Bronzes d'art et d'ameublement
Lustres, etc.

PROVENANT

De l'ancienne Maison Auguste LEMAIRE

E. LOHSE, Successeur

EXPOSITIONS PUBLIQUES

Les Dimanche 8 et Lundi 9 Novembre, de 10 heures du matin
à 4 heures du soir

PARIS — 1885

VENTE AUX ENCHÈRES PUBLIQUES

RUE VIEILLE-DU-TEMPLE, 121

Les Mercredi 18 et Jeudi 19 Novembre 1885

A UNE HEURE ET DEMIE PRÉCISE DE RELEVÉE

de

MODÈLES

AVEC DROIT DE REPRODUCTION

POUR

Bronzes d'art et d'ameublement, Garnitures, Groupes
Pendules, Lustres, etc.

PROVENANT

De l'ancienne Maison Auguste LEMAIRE

E. LOHSE, Successeur

COMMISSAIRES-PRISEURS

Me Léon TUAL | **Me Jules HUGUET**
Rue de la Victoire, 56 | Rue de la Victoire, 71

ASSISTÉS DE

M. BOUHON | **M. DACHERY**
FABRICANT DE BRONZES | DE LA MAISON VAURY
Rue de Belleyme, nᵒ 12 | Rue des Filles-du-Calvaire, nᵒ 7

CHEZ LESQUELS SE DISTRIBUE LE CATALOGUE.

EXPOSITIONS PUBLIQUES

Les Lundi 16 et Mardi 17 Novembre, de 10 heures du matin
à 4 heures du soir.

PARIS — 1885

CONDITIONS DE LA VENTE

Elle sera faite au comptant.

Les Acquéreurs paieront CINQ POUR CENT en sus du prix d'adjudication.

Tout Acquéreur sera tenu de prendre la **Fonte brute** afférente au Modèle, acquis au prix de 3 fr. 50 le kilog.

Les **Poids de Fonte** seront annoncés en mettant chaque Modèle en vente.

DÉSIGNATION

BUSTES

1 — Buste **Ajax.**

Droite et gauche.

2 — Buste **Apollon.**

3 — Buste **Chloé.**

FAURE DE BROUSSÉ.

4 — Buste **Daphnis.**

FAURE DE BROUSSÉ.

5 — Buste **Hahnemann.**

OTTIN.

6 — Buste **Lucius Verus.**

7 — Buste **Vénus Victrix**, n° 1.
Buste **Vénus Victrix**, n° 2.
Plâtre pour grandeur au-dessus du n° 1.

Eugène ROBERT, *sculpteur*.

———

CANDÉLABRES ET BOUQUETS

8 — Candélabre grec **Chimères**, n° 1 et n° 2.

MAURAGE.

9 — Candélabre Louis XVI **Enfants**, à 13 lumières.

10 — Candélabre **Statuette**, n° 4.
Candélabre **Statuette**, n° 3.
Statuettes seules sans bouquet, n° 2 et n° 1.

FERRAT, *sculpteur*.

11 — Bouquet **Louis XVI**, à 7 lumières.

12 — Bouquet **Louis XVI**, à 12 lumières.

CHENETS

13 — Chenet Louis XVI, à **Boules**.

14 — Chenet Louis XV, à **Vase**.

15 — Chenet **Henri II**, nº 1.
Chenet **Henri II**, nº 2.
Avec plâtre pour grandeur intermédiaire.
Robert frères, *sculpteurs*.

———

COUPES

16 — Coupe **Campana**.
Ringel, *sculpteur*.

17 — Coupe **Chimère**, nº 1.
Coupe **Chimère**, nº 2.
Robert frères, *sculpteurs*.

18 — Coupe **Feuille de tabac**.
Maurage.

19 — Coupe **Kiathos.**

RINGEL, *sculpteur.*

20 — Coupe **Lierre.**

PERRAULT, *sculpteur.*

21 — Coupe **Médaille,** nᵒ 1.
Coupe **Médaille,** nᵒ 2.

22 — Coupe **Mûres,** nᵒ 1.
Coupe **Mûres,** nᵒ 2.

MAURAGE, *sculpteur.*

23 — Coupe **Nature.**

DOUILLET.

24 — Coupe **Persane.**

MAURAGE.

25 — Coupe **Tête de lion.**

DOUILLET.

26 — Coupe Louis XIV **Ronde,** pour bronze et
marbre.

ROBERT frères, *sculpteurs.*

27 — Coupe Louis XIV **Cariatides**.

28 — Coupe Louis XVI **Enfants Guirlandes**.

—

VASES

29 — Vase **Amphore.**

30 — Vase **Calice**.

31 — Vase **Chinois**.
Avec modèles pour émail.

32 — Vase **Egyptien**.

33 — Vase **Enfants**.

34 — Vase **Mauresque.**

MAURAGE, *sculpteur.*

35 — Vase **Porte-Fleurs**, n° 1.
Vase **Porte-Fleurs**, n° 2.
Modèle disposé pour lampe.

ROBERT frères, *sculpteurs.*

36 — Vases Louis XIV **Serpents**, pour marbre et
bronze.

Avec pièces pour gaîne.

37 — Vase **Louis XIV**.
Modèle non ciselé.

DUPONCHEL, *sculpteur*.

FLAMBEAUX

38 — Flambeau **Boule fendue**.
Coupe **Boule fendue**.
Disposés pour bronze et marbre.

39 — Flambeau **Chêne**.

DETOURNAY.

40 — Flambeau **Empire**.
Ancien.

41 — Flambeau **Hanneton**.

TRANCHAN.

42 — Flambeau **Laurier**, nº 1 et nº 2.

DETOURNAY, *sculpteur*.

43 — Flambeau **Grec**, à balustre.

44 — Flambeau **Passion**.
   Ancien.

45 — Flambeau Louis XIII **Pied octogone**.
   Ancien.

46 — Flambeau **Louis XV**, n° 1.
   Flambeau **Louis XV**, n° 2.
   Flambeau **Louis XV**, n° 3.
   Ancien.

47 — Flambeau Louis XV **Coquille**.
   Ancien.

48 — Flambeau **Louis XVI**.
   Modèle non ciselé.

49 — Flambeau Louis XVI **Cariatides**, n° 1 et
   n° 2.
   Ancien.

50 — Flambeau Louis XVI à **Tore**.

GROUPES

51 — Groupe **Bacchante au Faune**, n° 1.
Groupe **Bacchante au Faune**, n° 2.
Drapée et nue.

CARRIER-BELLEUSE, *sculpteur*.

52 — Groupe **Bacchante au Tambourin**.

SCHŒNWERK, *sculpteur*.

53 — Groupe **Baiser maternel**, n° 1.
Groupe **Baiser maternel**, n° 2.
Groupe **Baiser maternel**, n° 3.

MATHURIN MOREAU, *sculpteur*.

54 — Groupe **Circé**.

BOURDEL, *sculpteur*.

55 — Groupe **Cypris** et l'**Amour**, n° 1 et n° 2.

MARCELLIN, *sculpteur*.

56 — Groupe **Daphnis** et **Chloé**.

MATHURIN MOREAU.

57 — Groupe **Enfance de Bacchus**.

58 — Groupe **Enfance de la Folie.**

59 — Groupe **Enfant au Cygne** (pleurant).
   Moulé sur terre cuite ancienne.

60 — Groupe **Enfant au Cygne** (riant).
   Avec pièces pour enfant seul.
   Moulé sur terre cuite ancienne.

61 — Groupe **Enfants au Tambour.**

62 — Groupe **Léda.**
   Plâtre pour grandeur au-dessous.

CARRIER-BELLEUSE.

63 — Groupe **Marchande d'Amours**, n° 1 et n° 2.

GAUDEZ.

64 — Groupe **Orage.**

GAUDEZ, *sculpteur*.

65 — Groupe **Ours au bain.**

FRATIN.

66 — Groupe **Passage du Gué**.

DORIOT.

67 — Groupe **Prière**, n° 1.
Groupe **Prière**, n° 2.
Groupe **Prière**, n° 3.

CARRIER-BELLEUSE, *sculpteur*.

68 — Groupe **Retour de chasse**.

CARRIER-BELLEUSE, *sculpteur*.

LUSTRES ET BRAS

69 — Lustre **Uni**, à 12 lumières.
Bras d'accompagnement à 4 lumières.

70 — Lustre **Uni**, à 21 lumières.
Vente Romain.

71 — Lustre **Byzantin**, n° 1, à 18 lumières.
Lustre **Byzantin**, n° 2, à 12 lumières.
Candélabre, n° 1, à 7 lumières.
Candélabre, n° 2, à 7 lumières.
Candélabre, n° 3, à 6 lumières.
Appliques et Eléments pour bras.

72 — Lustre **Grec,** nº 1, à 20 lumières.
Lustre **Grec,** nº 2, à 16 lumières.
Eléments pour bras.

73 — Lustre **Louis XIV**, à 9 lumières.
D'après Berain.

74 — Lustre Louis XIV **Dôme**, à 30 et 35 lumières.
Bras 3 becs à gaz servant à établir un lustre
à 16 lumières.
CONTAMINE, *sculpteur.*

75 — Lustre Louis XIV **Lauriers**, à 24 lumières.
GONEL.
Lanterne pour antichambre.
DUCRAY.

76 — Lustre **Louis XIV,** nº 1, à 40 lumières.
Lustre **Louis XIV**, nº 2, à 30 lumières.
Lustre **Louis XIV**, nº 3, à 18 lumières.
Bras d'accompagnement, nº 1, à 8 lumières.
Bras d'accompagnement, nº 2, à 4 lumières.
GONEL, *sculpteur.*

77 — Lustre Louis XVI **Lauriers**, à 36 lumières,
nº 1.
Lustre Louis XVI **Lauriers**, à 18 lumières,
nº 2.
Bras à 5 lumières.
COUPRI, *sculpteur.*

78 — Lustre Louis XVI **Enfants**, n° 1, à 42 lu-
    mières.

    Lustre Louis XVI **Enfants**, n° 2, à 36 lu-
    mières.

    Avec pièces pour séries de 30, 24, 18 et
    12 lumières.

    Bras d'accompagnement à 8, 7, 6, 5 et
    3 lumières.

    Pièces pour le gaz.

79 — Lustre Louis XVI **à Cercles**.

80 — Bras Louis XVI **Chêne et Lauriers**.
    Ancien.

GARNITURES DE CHEMINÉES

81 — Pendule **Grecque**.
    Bout-de-table.

        Robert frères, *sculpteurs*.

82 — Pendule **Grecque** ronde.
    Pied de bout-de-table.

        Tessier, *sculpteur*.

83 — Pendule **Grecque** (marbre et bronze).
Candélabre **Grec.**

ROBERT frères, *sculpteur.*

84 — Pendule **Didon**, nᵒˢ 1 et 2.
Candélabre **Didon**, nᵒˢ 1 et 2.

DUMAIGE et ROBERT frères, *sculpteurs.*

85 — Pendule **Enfant**, nᵒ 1.
Pendule **Enfant**, nᵒ 2.
Candélabre **Enfant**, nᵒ 1.
Candélabre **Enfant**, nᵒ 2.
Sans bouquet.

MOREAU et ROBERT frères, *sculpteurs.*

86 — Pendule **Paul** et **Virginie**, nᵒ 1.
Pendule **Paul** et **Virginie**, nᵒ 2.
Candélabre **Paul** et **Virginie**, nᵒ 1.
Candélabre **Paul** et **Virginie**, nᵒ 2.
Sans bouquet.
Socle et pied tout cuivre.
Candélabre Enfant sans bouquet.

TROUILLARD, *sculpteur.*

87 — Pendule **Daphnis.**
Candélabre **Daphnis.**
Avec Statuettes Rose et Marguerite, nᵒ 1 et
nᵒ 2.

88 — Pendule Louis XV à **Vase**.
Candélabre Louis XV à **Vase**.

89 — Pendule **Louis XVI**, n° 1.
Candélabre **Louis XVI**, n° 1.
Pendule **Louis XVI**, n° 2.
Candélabre **Louis XVI**, n° 2.

Froment, sculpteur.

90 — Pendule Louis XVI **Age d'or**, n° 1 et n° 2.
Candélabre Louis XVI **Age d'or**, n° 1 et n° 2.
Modèle disposé pour tout bronze et pour bronze et marbre.
Bouquet pour candélabre, n° 2 seulement.
Pièces pour groupe seul, n° 2.

Carrier-Belleuse et Robert frères, sculpteurs.

91 — Pendule Louis XVI **Enfants**.
Candélabre Louis XVI **Enfants**.

92 — Pendule Louis XVI (**Bas-Relief Femmes**).
Candélabre Louis XVI (**Bas-Relief Femmes**).

Déjardin, sculpteur.

93 — Pendule Louis XVI **Enfants au Faune**.
Candélabre Louis XVI **Enfants au Faune**.
Modèle disposé pour tout bronze et bronze et marbre.

Delattre, sculpteur.

94 — Socle et Pied simples, n°ˢ 1, 2, 3 et 4.
Série de Bas-Reliefs.

95 — Socle et Pied riches, n°ˢ 1, 2, 3 et 4.
Avec Griffes Lierre.

96 — Socle et Pied **Tragédie**, n° 1.
Socle et Pied **Tragédie**, n° 2.
Socle et Pied **Tragédie**, n° 3.

97 — Socle **Coffret** (marbre et bronze).
Pied **Coffret** (marbre et bronze).
Candélabre d'accompagnement.

98 — Socle rectangulaire, marbre, **à Chimères**.
Vase **Bacchanale**, n° 1.
Vase **Bacchanale**, n° 2.
Avec Pièces pour lampe.
Autre Lampe, modèle non ciselé.

STATUETTES

99 — Statuette **Amazone**, n° 1.
Statuette **Amazone**, n° 2.
Nue et drapée.
Carrier-Belleuse, *sculpteur*.

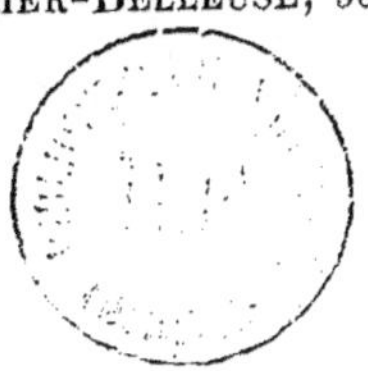

100 — Statuette **Archimède**, n° 1.
Statuette **Archimède**, n° 2.
Statuette **Archimède**, n° 3.
Pièces pour Cicéron, n° 1.
Pièces pour Cicéron, n° 2.

CARRIER-BELLEUSE, *sculpteur.*

101 — Statuette **Astronomie**, n° 1.
Statuette **Astronomie**, n° 2.

SCHŒNWERK, *sculpteur.*

102 — Statuette **Bacchante assise.**

BOURET, *sculpteur.*

103 — Statuette **Bacchus.**

BOURET, *sculpteur.*

104 — Statuette **Calypso**.

DUMAIGE, *sculpteur.*

105 — Statuette **Coquetterie.**

SALMSON, *sculpteur.*

106 — Statuette **Enfant chasseur.**
Statuette **Enfant pêcheur.**

LEBROC, *sculpteur.*

107 — Statuette **Etude**, n° 1.
Statuette **Etude**, n° 2.
Statuette **Etude**, n° 3.

SCHŒNWERK, *sculpteur*.

108 — Statuette **Euterpe**.

MOREAU, *sculpteur*.

109 — Petit **Faune**.
110 — Statuettes **Gothiques**, n°s 1 et 2 (Guerrier, Châtelaine).

GONEL, *sculpteur*.

111 — Statuettes **Gothiques**, n°s 1 et 2 (Roi, Reine).

GONEL, *sculpteur*.

112 — **Don Quichotte**.

113 — Statuette **Prophète Jérémie**.
Modèle non ciselé.

114 — Statuette **Joie**.
Statuette **Pleurs**.

DUMONT, *sculpteur*.

115 — Statuette **Petite Lecture**.

BOURET, *sculpteur*.

116 — Statuette **Méditation**, n° 1.
Statuette **Méditation**, n° 2.
Statuette **Méditation**, n° 3.
Statuette **Méditation**, n° 4.

SCHŒNWERK, *sculpteur*.

117 — Statuette **Petite Pénélope**.

HUZEL, *sculpteur*.

118 — Statuette **Pénélope**, n° 1.
Statuette **Pénélope**, n° 2.
Statuette **Pénélope**, n° 3.

AIZELIN, *sculpteur*.

119 — **Penseur**.

MICHEL-ANGE.

120 — Statuettes **Poésie** et **Harmonie**.

SCHŒNWERK, *sculpteur*.

121 — Statuette **Printemps**.

BOURET, *sculpteur*.

122 — Statuette **Psyché**.

DUMAIGE, *sculpteur*.

123 — Statuette **Rébecca**.

GAUDEZ.

124 — Statuette **Religion**.

125 — Statuette **Ruth**.

GAUDEZ.

126 — Statuette **Souffleuse de bulles**.

HUZEL.

127 — Statuette **Suzanne**, n° 1.
Statuette **Suzanne**, n° 2.
Statuette **Suzanne**, n° 3.
Statuette **Suzanne**, n° 4.

AIZELIN, *sculpteur*.

128 — Statuette **Thétis**, n° 1.
Statuette **Thétis**, n° 2.
Statuette **Thétis**, n° 3.

AIZELIN, *sculpteur*.

129 — Statuette **Thétis**, n° 1.
Statuette **Thétis**, n° 2.

DORIOT, *sculpteur*.

130 — Statuette **Tragédie**, n° 1.
Statuette **Tragédie**, n° 2.
Statuette **Tragédie**, n° 3.

HÉBERT, *sculpteur*.

131 — Statuette **Uranie**.

MOREAU, *sculpteur*.

132 — **Vénus de Milo**.

STATUETTES POUR CANDÉLABRES

133 — Statuettes pour candélabres.

134 — Statuettes pour candélabres, n°ˢ 1, 2 et 3.

SALMSON, *sculpteur*.

135 — Statuettes pour candélabres.

CARRIER-BELLEUSE.

DIVERS

136 — Torchère grecque, avec lampe.

Robert frères, *sculpteurs.*

137 — Socle et **Groupe Trois-Grâces.**

Haut. 1^m55, larg. 0^m60, prof. 0^m52.

138 — Berceau pour statuette.

Clavier.

139 — Jardinière chinoise.

Avec modèles pour émail.

R. Dinée, *sculpteur.*

140 — Miroir Louis XVI.

Robert frères, *sculpteurs.*

141 — Porte-Cigares.

Perrot.

142 — Girandole unie.

143 — Chapiteau Renaissance.

Verchère, *sculpteur.*

144 — Sonnette antique.

PLATRES

145 — Vase (Ringel).
Buste **Lucius Verus**.
Groupe **Cornélie** et les **Gracques**.

MOREAU, *sculpteur*.

146 — Un lot de **Bas-Reliefs**.

147 — Un lot de **Ceintures**, disposées pour émail.

148 — Un lot de **Moulures**.

149 — Un lot de **Guirlandes Fleurs**.

150 — Un lot d'**Éléments divers**.

151 — Sous ce numéro, toutes les Pièces non
cataloguées.

Vve RENOU et MAULDE, imprimeurs de la Cie des Commissaires-Priseurs,
rue de Rivoli, 144.

Ve RENOU ET MAULDE

IMPRIMEURS DE LA COMPAGNIE DES COMMISSAIRES-PRISEURS

Rue de Rivoli, 144